RELIGIONES DEL MUNDO

JULIEN RIES

Las características del
islam

NEREA

Título original: *I caratteri dell' Islam*

International Copyright © 2006
by Editoriale Jaca Book spa, Milano
All rights reserved

© De la edición castellana:
Editorial Nerea, S. A., 2007
Aldamar, 36, bajo
20003 Donostia-San Sebastián
Tel.: 943 432 227
Fax: 943 433 379
nerea@nerea.net
www.nerea.net

© De la traducción del italiano:
Ariadna Viñas, 2007

ISBN colección: 978-84-96431-28-7
ISBN volumen: 978-84-96431-32-4

Diseño de cubierta y maquetación:
Eurosíntesis Global, S. L.

Impreso en Italia

ÍNDICE

Página anterior: escena de una escuela islámica. Miniatura procedente de un manuscrito árabe del califato de Bagdad (Maqamat de Al-Hariri) *conservado en la Biblioteca Nacional de París.*

Vista aérea de la Mezquita
Al-Kadhimiyya, Irak.

INTRODUCCIÓN

Además de una religión, el islam es también una comunidad con catorce siglos de historia y un patrimonio cultural de extraordinaria riqueza cuyos valores religiosos viven unos mil millones de personas hoy en día. Esta religión tiene un fundador, Mahoma, un caravanero árabe místico y entusiasta en busca de un Dios que ahonda las raíces en su tribu mecana. Mahoma es el portador de un mensaje cercano al monoteísmo bíblico. Él descubre el Dios único, el Dios de Abraham, y se presenta como el último profeta enviado a la Humanidad.

Mahoma proclama su Revelación entre los caravaneros, los comerciantes y los beduinos y crea en Medina una primera comunidad que servirá de modelo para el futuro. Cuando muere, su mensaje ha llegado ya a miles de creyentes y no tarda en quedar recogido en el Corán, al que sus compañeros y testigos añaden la Sunnah, la tradición. La comunidad musulmana se reúne desde hace siglos en torno a este mensaje coránico sobre el que se erigen todas las instituciones políticas, sociales y culturales islámicas. Todos estos elementos –Profeta y profetismo, Corán y Sunnah, los cinco pilares y Allāh el Dios único– constituyen las claves principales de nuestra exposición.

Mahoma proclamó la unidad y universalidad de su mensaje sobre la creencia en un solo Dios y encargó a sus sucesores su expansión, dando origen a la historia de las conquistas y los imperios musulmanes, que llevarán la marca de los rudos orígenes de esta cultura procedente de caravaneros y beduinos árabes. Nuestra exposición sólo tocará brevemente estos aspectos históricos.

Al igual que otras realidades sociales, el islam se vio envuelto en sus orígenes en movimientos violentos; sin embargo, también posee aspiraciones culturales que florecerán en contacto con otras culturas y pueblos. Los capítulos 9 y 10 ofrecen una perspectiva de los encuentros culturales y la mística musulmana.

Escena de una escuela de Bagdad, en Irak, a principios de la década de los setenta del siglo XX. Los cuentos tradicionales forman parte de las asignaturas impartidas.

1
EL ISLAM Y LOS MUSULMANES EN LA ACTUALIDAD

A principios del tercer milenio, hay unos mil millones de musulmanes en el mundo. De 180 Estados pertenecientes a la ONU, 43 son musulmanes y miembros de la Organización de la Conferencia Islámica. El islam es una gran religión universal que ha dado origen a una civilización impresionante, con su libro sagrado, el Corán, sus mezquitas, su escritura, su literatura, sus formas de arte y sus tradiciones. Una civilización formada por pueblos muy diferentes y que, a pesar de la diversidad cultural, las oposiciones y las rivalidades, presenta un denominador común que une a todos los musulmanes: su fe.

El musulmán *(muslim* en árabe) realiza un acto de sumisión a Dios y manifiesta esa actitud cumpliendo con las obligaciones prescritas. Esta adhesión lo compromete como creyente ante Dios y lo une como persona a su comunidad *(ummah).*

Este acto de sumisión se basa en la Revelación recibida y transmitida por Mahoma, profeta del islam y último profeta que ha recordado a los hombres el misterio del Dios creador y misericordioso, pero también la inminencia del Juicio Final.

El musulmán afirma su fe en la unicidad de Dios *(tawḥīd),* creador y dispensador de los bienes necesarios, Señor de la gloria, al que le es debida toda alabanza. Los signos de Dios *(āyat Allāh,* 'el signo de Dios') son prueba de la creación para el hombre y garantizan su fe, profesada mediante la *shahādah,* que declara la existencia de un único Dios y el final de la Revelación a cargo de Mahoma. Esta profesión de fe del musulmán representa su experiencia de Dios y un testimonio de su fe.

El hombre es una criatura animada por el soplo de Dios, una persona capaz de responder a Dios. Es el *khalīfah,* el representante

1. Una calle de Ghardaia, ciudad del M'zab, en Argelia, un lugar de gran belleza y profunda religiosidad.
2. Escena de ablución, parte importante del rito que precede a la oración, en una fuente de uno de los pabellones de la mezquita Al-Qarawiyyin de Fez, en Marruecos.
3. Alumnas entrando en la moderna Universidad de Bagdad a principios de la década de los setenta del siglo XX. La Universidad deseaba transmitir un pluralismo cultural semejante al vivido en el período abasí (entre los siglos VIII y XIII), cuando Bagdad era un faro para el mundo árabe y el islam.

1

de Dios en la Tierra. De esta condición derivan las obligaciones de los *cinco pilares* del islam, es decir, las prácticas culturales del creyente a las que se añaden todas las prescripciones comunitarias sobre el camino que conduce a Dios, con el fin de garantizar la vida en armonía de la comunidad *(ummah)*.

Así pues, la fe en un único Dios constituye el fundamento y motor del dinamismo del islam moderno, y sobre ésta se asienta la oración cotidiana y el *ramadān*, así como los espectaculares ritos del peregrinaje a La Meca, con el que se renueva y revive el acto fundacional.

1. Interior de la mezquita de Suleimán, Estambul. Es un día laborable en la gran metrópoli, pero la mezquita, siempre abierta, invita a la meditación y al rezo.

2. *Lectura matutina del Corán en un poblado de Mali. Ilustración de Giorgio Bacchin. La meditación íntima de la Escritura representa una parte fundamental de la religiosidad islámica.*

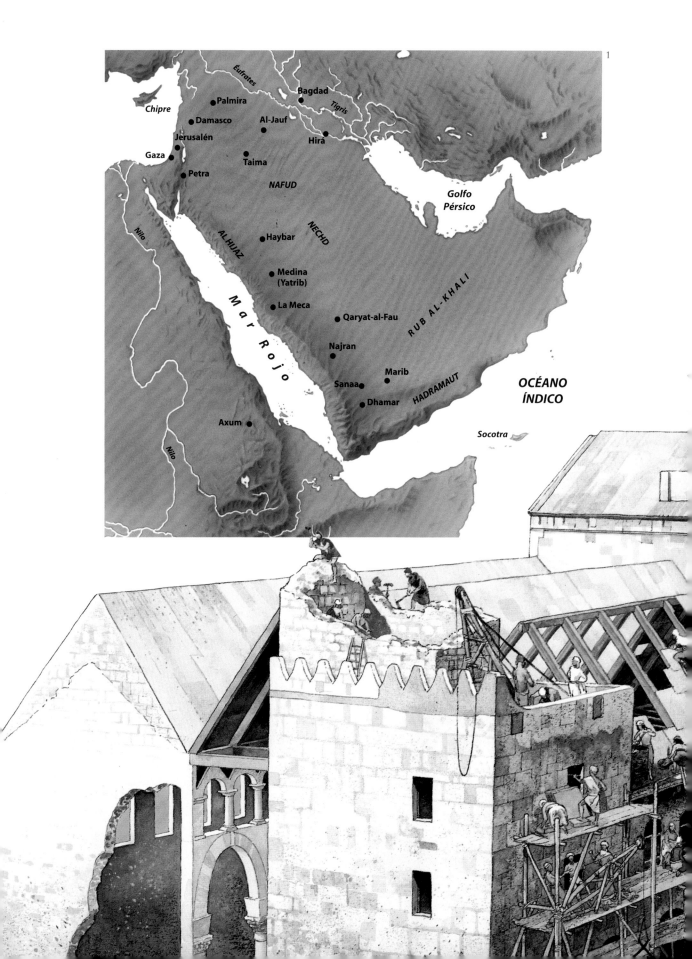

1

Chipre

Éufrates

Bagdad

Palmira

Damasco

Al-Jauf

Tigris

Jerusalén

Hirá

Gaza

Taima

Petra

NAFUD

Golfo
Pérsico

NECHD

AL HIJAZ

Haybar

Medina
(Yatrib)

M a r   R o j o

La Meca

Nilo

Qaryat-al-Fau

RUB AL-KHALI

Najran

Marib

Sanaa

HADRAMAUT

OCÉANO
ÍNDICO

Dhamar

Axum

Nilo

Socotra

2
DIFUSIÓN DEL ISLAM

1. La península arábiga en la época del nacimiento del islam y de su primera expansión en el siglo VII. Tierra en gran parte desértica, ha tenido siempre importantes ciudades, y ha sido lugar de parada de las caravanas que se desplazaban entre África, Asia y el Mediterráneo.

2. Representación de una fase de la reestructuración de la famosa mezquita de los omeyas en Damasco (Siria). Los trabajos se desarrollaron a principios del siglo VIII. Se cree que reutilizaron la basílica que el emperador Teodosio dedicó a san Juan Bautista en el año 379, aunque es posible que, en vez de una reutilización, en realidad se tratara de una inspiración arquitectónica. Hacía falta un espacio de grandes dimensiones para reunir a los fieles en la oración y entonces las basílicas eran los únicos lugares grandes adecuados para el culto que se conocían.

3. Jarra de bronce, 750 d. C.

1. El gran arte islámico de la caligrafía crea formas decorativas cargadas de significado. En este caso se trata del nombre de Dios, «misericordioso» y «compasivo».

1

2. Mapa de la difusión del islam desde sus orígenes hasta la actualidad. Según datos recientes, pertenece a la religión islámica el 90% de la población de Afganistán, Arabia Saudí, Argelia, Bahrein, Irán, Irak, Jordania, Libia, Marruecos, Mauritania, Nigeria, Omán, Pakistán, Sáhara Occidental, Senegal, Siria, Somalia, Túnez, Turquía y Yemen; el 70% de Bangladesh, Egipto, Guinea, Indonesia, Mali, Sudán, Turkmenistán y Uzbekistán; el 50% de Albania, Kazajistán y Malasia (fuente: Joanne O'Brien, Martin Palmer, Atlas des Religions dans le Monde, Myriad, Londres, París, 1994). El mapa no incluye la importante presencia del islam en las grandes ciudades europeas y en los países de Europa

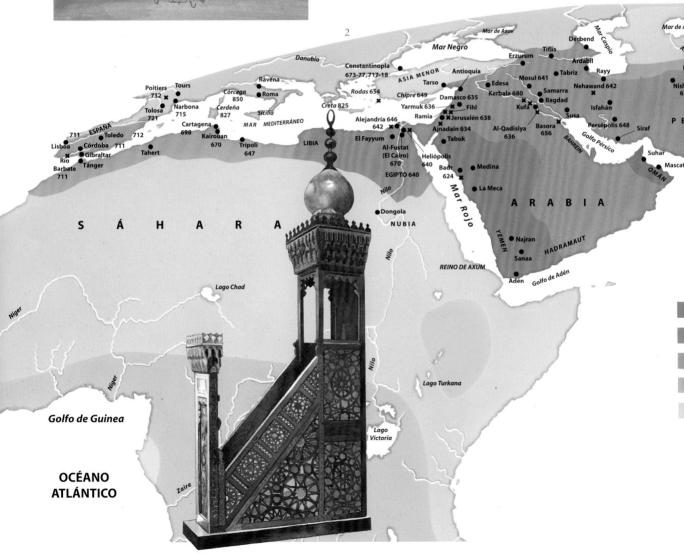

2

3

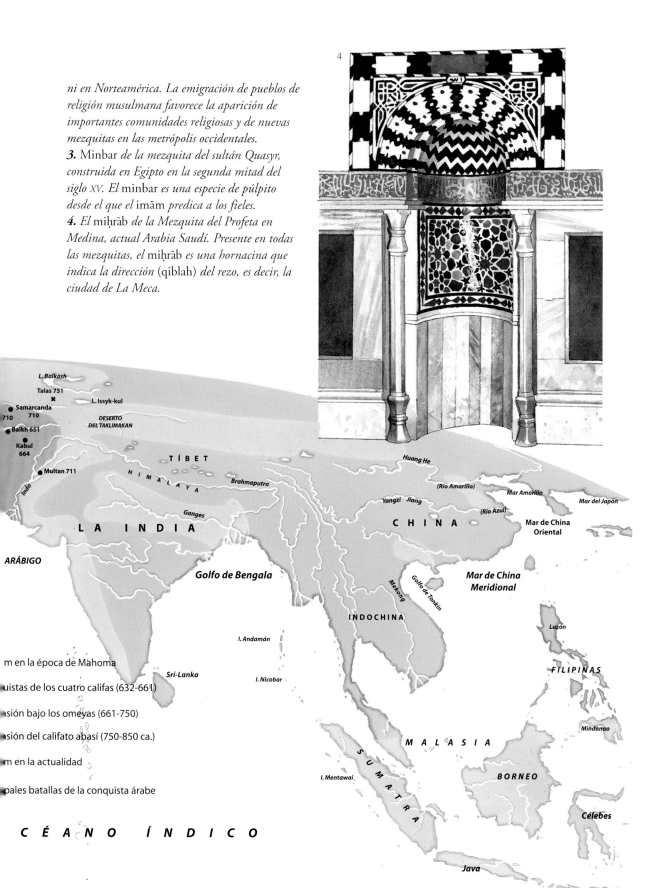

ni en Norteamérica. La emigración de pueblos de religión musulmana favorece la aparición de importantes comunidades religiosas y de nuevas mezquitas en las metrópolis occidentales.

3. Minbar *de la mezquita del sultán Quasyr, construida en Egipto en la segunda mitad del siglo* XV. *El* minbar *es una especie de púlpito desde el que el* imām *predica a los fieles.*

4. *El* miḥrāb *de la Mezquita del Profeta en Medina, actual Arabia Saudí. Presente en todas las mezquitas, el* miḥrāb *es una hornacina que indica la dirección* (qiblah) *del rezo, es decir, la ciudad de La Meca.*

4

L. Balkash

Talas 751

Samarcanda

710   710

Balkh 651

Kabul
664

Multan 711

DESERTO
DEL TAKLIMAKAN

L. Issyk-kul

TÍBET

H I M A L A Y A

Brahmaputra

Ganges

Huang He

(Río Amarillo)

Yangzi   Jiang

(Río Azul)

Mar Amarillo

Mar del Japón

Mar de China
Oriental

L A   I N D I A

C H I N A

Indo

ARÁBIGO

Golfo de Bengala

Mekong

Golfo de Tonkin

Mar de China
Meridional

INDOCHINA

Luzón

I. Andamán

Sri-Lanka

I. Nicobar

m en la época de Mahoma

uistas de los cuatro califas (632-661)

sión bajo los omeyas (661-750)

sión del califato abasí (750-850 ca.)

m en la actualidad

pales batallas de la conquista árabe

C É A N O   Í N D I C O

FILIPINAS

Mindanao

M A L A S I A

S U M A T R A

BORNEO

I. Mentawai

Célebes

Java

3
EL PROFETA MAHOMA
Y EL NACIMIENTO DEL ISLAM

Mahoma nació en el año 570 d. C. Descendía del clan de los hachemíes, responsable de la *Ka'bah*, el santuario pagano principal de La Meca, y especializado en el comercio caravanero con Siria. Huérfano de padre y de madre, a la edad de cinco años es confiado a su tío Abū Ṭālib, con el que viaja como escolta. A los 25 años se casa con Jadicha, una rica viuda de cuarenta años. Sus hijos varones mueren siendo aún niños pero su hija Fátima será la esposa de Alī, el cuarto califa.

A la edad de cuarenta años, Mahoma tiene algunas visiones y una Revelación (Corán 53 y 96) y su vida sufre un profundo cambio. Después de la experiencia mística proclama su mensaje: el poder de Dios *(Allāh)* y su bondad, y el juicio divino para el hombre, con la recompensa o el castigo. Dios exige al hombre adoración, gratitud, fe y oración: es la sumisión *(islām)*. El Profeta reúne en torno a sí un grupo de creyentes (musulmanes), lo que suscita la oposición de los clanes rivales, que intuyen que el nuevo mensaje supone una reforma

1. El arcángel Gabriel enviado por Dios para guiar a Mahoma en su ascensión al cielo. Ilustración procedente de un manuscrito iraquí.
2. Vista del desierto montañoso de Wadi Ram, en Jordania. Por aquí pasaban las caravanas que unían Arabia con el Mediterráneo y el norte del mar Rojo.

de la sociedad. En el año 619 Jadicha fallece y Mahoma vuelve a casarse.

Ante una oposición cada vez más fuerte (Corán 37), Mahoma busca apoyos en el oasis de Yathrib, donde se asentaban dos tribus árabes y una judía. El 16 de julio del año 622, el Profeta y sus fieles abandonan La Meca y se dirigen hacia este oasis, que a partir de entonces se llamará al-Madīnah (Medina), es decir, *la ciudad*.

Esta emigración, *hijrahy*, la Hégira, representa el nacimiento del islam como comunidad, *ummah*. El *muhājir* es el auténtico musulmán, el que lo ha dejado todo para servir a su Señor (Corán 8).

En Medina, Mahoma dotará a su comunidad de las primeras instituciones: organización de la economía y de la oración y lucha por la supervivencia y la conquista de La Meca. Se han contado 74 expediciones contra las caravanas mecanas. El 11 de enero del año 630, Mahoma entra triunfante en La Meca, elimina los ídolos de la *Ka'bah*, hace que se destruyan todos los de las casas y proclama una amnistía general, convirtiéndose en jefe político y religioso de la nueva comunidad basada en el Dios único, Alá.

2

1

1. *«El arcángel Gabriel visita al profeta Mahoma», miniatura de un manuscrito turco del siglo XVII dedicado al viaje celeste de Mahoma y a la memoria de los santos. Las representaciones del Profeta son muy raras en el islam. La mayoría se conserva en Turquía y en Persia porque el mundo árabe era más fiel al precepto iconoclasta.*

2. *La Ka'aba es el santuario sagrado del islam. Se encuentra en La Meca (Arabia Saudí) y es hacia donde deben mirar todos los musulmanes al rezar. Aquí aparece representada en una miniatura turca del siglo XVIII.*

3

3. *Famosa miniatura conservada en Estambul. Representa el importante encuentro entre Mahoma y un pastor monoteísta.*

La obra del Profeta se basa en la fe en un solo Dios para evitar a los hombres la confusión del politeísmo.

4
CONQUISTA Y EXPANSIÓN DEL ISLAM

1. *Los islamistas se tomaron como un deber difundir la fe monoteísta predicada por el Profeta, lo que cumplieron conquistando poco a poco diferentes países. La miniatura reproducida en esta página muestra unos caballeros musulmanes y procede de un manuscrito abasí conservado en la Biblioteca Nacional de París.*

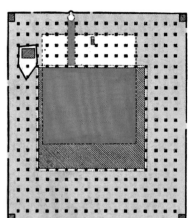

2. *Plano de la Mezquita de Medina. Los omeyas, la primera gran dinastía árabe-islámica, transformaron la casa del Profeta en una gran mezquita. Mahoma ya había levantado allí el primer lugar de oración al construir un cobertizo anejo a la casa.*

3

Mahoma muere en el año 632, tras un peregrinaje a La Meca. Se elige como sucesor (califa) a su suegro Abū Bakr (632-634) y se inician las conquistas de Siria y Persia. Le sucede Omar (634-644), que prosigue las campañas militares: en el año 636 se apodera de Damasco y después, en el 637, de Jerusalén. Enérgico y realista, crea instituciones militares y civiles y se preocupa sobre todo de organizar la economía. Othman (644-656) recoge el testigo y establece el texto oficial del Corán. Con estos tres califas se asienta el dominio de los omeyas en Oriente Próximo, un clan aristocrático de La Meca. Alī (656-661), el cuarto califa, es en cambio su adversario. Yerno del Profeta, declara la guerra a los omeyas, reúne a sus fieles, los chiitas, y funda el islam legitimista, contrario al principio dinástico convertido en prerro-

3. Reconstrucción de la entrada de Qasr al-Hayr al-Sharqi, en Siria. Era el pabellón de caza, residencia, puesto de vigilancia de las rutas de caravanas y finca agrícola de los omeya, donde estos pasaban temporadas lejos de las intrigas de la capital.

gativa de los omeyas, para revindicar la fidelidad a Alá.

La dinastía omeya reina desde Damasco. Primero conquista el norte de África y después España, donde crea el califato de Córdoba. Damasco, capital de un poderoso estado, se convierte en centro difusor de una nueva cultura sometida a la arabización y la islamización. Mientras, los musulmanes chiitas siguen encabezando la oposición y finalmente, el 28 de noviembre del año 749, nombran califa a

1. Sala de oración de la Gran Mezquita de Sidi Uqbar en Kairouan, Túnez, la ciudad fundada durante la expansión omeya en el norte de África. Las columnas se inspiran en las basílicas bizantinas y romanas, pero el espacio es característico de las mezquitas omeyas, incluida la de Córdoba, en España. La sala hipóstila, esto es, la sala de techo plano sostenido por varias filas de columnas, presenta una disposición horizontal en vez de vertical (como en las basílicas) respecto al punto de referencia, en este caso una hornacina, el miḥrāb, *que indica precisamente la dirección del rezo, La Meca.*

2. Este extraordinario y monumental minarete helicoidal y los muros del recinto son todo lo que queda de la Mezquita de Samarra, en Irak. Obra maestra del período abasí, es una construcción prácticamente única en su género.

3. Los abasíes construyeron edificios de gran elegancia y sobriedad en Bagdad como, por ejemplo, las escuelas (madrazas). La imagen muestra el patio de la madraza de Al-Mustansiriyya. Pueden verse las celdas de los estudiantes, dispuestas en dos pisos, y tres de los cuatro īwān (grandes arcos enmarcados con entrantes a modo de hornacina) que se asoman al recinto.

25

Abu Abbas en la mezquita de Kufa. Los abasíes (750-945), otra dinastía hereditaria de califas, fundan una nueva ciudad, Bagdad, capital intelectual de Oriente, síntesis del mundo árabe y del mundo iraní, gran punto de encuentro mundial de las letras y de las ciencias. En el año 945, un turco toma el poder y los turcos selyúcidas ponen fin a la dinastía abasí. A su vez, los chiitas conquistan Egipto y la dinastía de los fatimíes gobernará El Cairo durante dos siglos.

Los turcos selyúcidas emprenden la conquista de Anatolia y Siria, donde se enfrentan con los ejércitos de las cruzadas procedentes de Occidente. Estos turcos son de tendencia sunita, los musulmanes que se consideran fieles a la *tradición*, la *Sunnah*.

Los sucederá la invasión de los mongoles, cuyo jefe, Tarmelán (1336-1405), se convirtió al islam.

__1.__ Mezquita de al-Azhar en El Cairo (Egipto). El pórtico del patio es de época fatimí, durante el califato de al-Hafir (1130-1149). Se ve la entrada de la sala de oración, mientras que dentro del pórtico se encontraban las madrazas.
__2.__ Una de las obras maestras del arte timúrida, fruto de la conversión de Tarmelán al islam, es la necrópolis de Shah-i Zinda en Samarcanda, la actual Uzbekistán.

1

Sin embargo, los turcos otomanos inician su expansión: toma de Constantinopla (1453), invasión de la Europa balcánica y conquista de Siria y Egipto, seguidas de Irak. El Imperio otomano, que durará seis siglos, se extiende desde las puertas de Viena hasta el Nilo y desde Bagdad a Túnez. Nos encontramos ante los orígenes del islam moderno.

1. Escena que nos traslada al Estambul del siglo XVI. Detrás de las célebres casas de madera se ve la espléndida Mezquita de Suleimán, construida por el arquitecto más famoso de la época, Sinán, que se inspiró en la estructura de la Santa Sofía paleocristiana para crear un modelo de mezquitas con cúpulas, semicúpulas y minaretes de extraordinaria luz interior y musicalidad exterior.

1

2. Vista interior de la sala de oración, que Sinán, influido por el edificio de Santa Sofía de Estambul, construía siempre con una gran cúpula central rodeada de cúpulas y semicúpulas.
3. Puerta de entrada a la sala de oración desde el gran patio, Mezquita de Suleimán.

3

2

5
EL CORÁN, LA *SUNNAH* Y LA *SHARĪ'AH*

1. *Hindú musulmán leyendo el Corán. La escena lo sitúa junto al famoso palacio fortificado de Lahore, en el actual Pakistán.*

2. *Reproducción de una hoja del Corán con una de las escrituras árabes más antiguas, llamada cúfica. El título de la sura —el Corán está dividido en 114 suras— está escrito en oro. Este Corán procede de la Gran Mezquita de Kairouan, en Túnez, y se conserva en la Biblioteca Nacional de Túnez.*

2

Para los musulmanes, el Corán es la palabra de Alá revelada a Mahoma y predicada por éste. Memorizado por el Profeta inspirado, al que le fue dictado de manera sobrenatural, este libro sagrado formado por 114 suras (capítulos) consta de 6.226 versículos denominados *āyat Allāh,* ('signo de Dios'). Alá posee el original, en el que está escrita toda la Revelación: *maktub*, 'está escrito'. Según los orientalistas, el Corán es el diario de las experiencias religiosas y de los éxitos y fracasos del Profeta, al que se añade un cierto número de antiguas tradiciones religiosas preislámicas, judías y cristianas.

El Corán recuerda el pacto original de Alá con los hombres, el mismo pacto que culmina con Abraham. Después de la muerte de Mahoma circulaban diferentes versiones de su predicación y sus actividades hasta que en el año 651 el califa Othman manda recopilar todos los escritos para

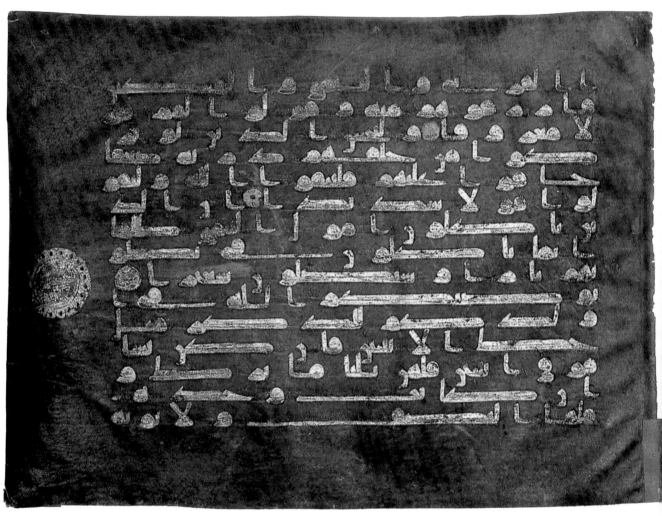

1. *En Kairouan copiaron un Corán con caracteres cúficos dorados con ornamentos de plata sobre un pergamino teñido de azul. El método de coloración del pergamino, conocido en Oriente y en Bizancio, hace pensar que fue un intento por rivalizar con los documentos más valiosos de los emperadores bizantinos. Las páginas que componían este Corán se encuentran repartidas en diferentes colecciones. París, Instituto del Mundo Árabe (AI 84-9).*

2. *Texto y ornamentación de una página de un ḥadīth de 1204. Biblioteca Al Qarawyyn de Fez.*

بسم الله الرحمن الرحيم صلى الله تعالى ... وكرم ... الله

الحمد لله الذي ... الناس ... الساعة

الحمد لله على إحسانه وإفضاله حمداً كما ينبغي لعم جلال
وأشهد أن لا إله إلا الله وحده لا شريك له إقراراً به
وأن محمداً عبده ورسوله الذي اصطفاه على أضرابه وأشكاله
هو على جميع المرسلين بإرساله صلى الله عليه وسلم وعلى آل محمد
وأزواجه وآله وسلم تسليماً كثيراً ... بذلك ...
... الأوراق وكزاهرة الشجرة النبوية في نسمة حين النبوية ... اختصر
بعض المحبين الجلة الأعظم من تأليف ... التأليف الأول خلاص
سير النبي ... تصنيف الإمام الأ ... وخير معين ... ... أنما
أحمد بن عمر ... بن محمد بن أبي بكر اللهم ... آدم يعين والتأليف الثا
كتاب الدرر في اختصار كتاب ... تأليف الإمام الأ ... الح

1. *Corán perteneciente a la cultura de los mamelucos egipcios. Los Coranes de Egipto tenían una medida estándar de treinta volúmenes y unas dimensiones considerables. Aquí vemos la portada de un Corán escrito y miniado en 1306-1310. Dublín, Biblioteca Chester Beatty (n. 1457 f. 293v).*

2. *Corán realizado en 1303, probablemente en Granada, con escritura magrebí-andaluza. París, Biblioteca Nacional (385 f. 1212v).*

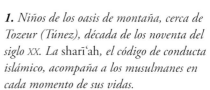

1. *Niños de los oasis de montaña, cerca de Tozeur (Túnez), década de los noventa del siglo XX. La sharī'ah, el código de conducta islámico, acompaña a los musulmanes en cada momento de sus vidas.*

2. *Jóvenes en una fuente de abluciones en una mezquita de Estambul (Turquía).*

3. *Hace cientos de años que se usan atriles portátiles como el de la imagen para leer el Corán.*

4

4. *Construido a principios del siglo XIII, el llamado* Palacio Abasí *de Bagdad fue la sede de escuelas jurídicas de interpretación de la ley.*

establecer un único texto coránico oficial y después ordena destruir todos los demás.

Los actos, las palabras y la conducta del Profeta constituyen una norma para la vida, las prácticas religiosas y las creencias: se trata de la *Sunnah* o Tradición. La *Sunnah* forma parte de la Revelación y se considera que continúa, amplía y explica el Corán. A ojos de los musulmanes, Mahoma gozaba de un estado profético permanente y por eso sus palabras, sus acciones y sus juicios poseen un valor cercano al del Corán. El elemento básico de la *Sunnah* es el *ḥadīth,* un mensaje procedente del mismo Mahoma.

La *sharī'ah* es la norma canónica que contiene todas las disposiciones de Alá sobre las acciones humanas. Se basa en el Corán y la *Sunnah,* e indica el camino de la comunidad *(ummah)* y de los fieles. Esta ley divina positiva se aplica a la vida social y religiosa, política y privada. Durante los siglos VIII-IX, se desarrollaron cuatro grandes escuelas jurídicas *(madhhab)* dentro del sunismo con el fin de interpretar la ley, que en cualquier caso sigue siendo fundamental pues, de hecho, es de origen divino, permite luchar contra la secularización y da un sentido religioso a la vida cotidiana, que se embebe de lo sagrado.

6
ALÁ, DIOS CREADOR, JUEZ
Y DISPENSADOR DE TODA RECOMPENSA

1. Diálogo entre un rey y un sabio, miniatura de un manuscrito persa conservado en la Biblioteca Nacional de París. Ambos personajes manifiestan una cualidad y una característica que sólo Dios puede impartir: realeza y sabiduría. La sabiduría sabe juzgar lo que es justo y la realeza debe distribuir justicia.

Alá deriva de *al-Ilāh*, 'el Dios', un término preislámico. Mahoma descubrió el Dios único y proclamó su unicidad (Corán 112). Afirmó que Alá es el creador *(al-Khāliq, al-Bāri)*, el fundador de todas las cosas. La creación es la afirmación de su omnipotencia y de la necesidad del hombre de descubrir a Dios a través de los signos del Universo. Abraham fue el primero en reconocer estos signos. Creador del hombre, Alá le dará también la recompensa en el momento del Juicio.

Único y uno en sí mismo, Dios no revela su naturaleza misteriosa, sino que se revela mediante sus acciones, manifestación de su omnipotencia en la realidad de la vida cotidiana. Para sus fieles, Él es el compasivo *(al-Raḥmān)* y el misericordioso *(al-Raḥmān)*, dos nombres que aparecen al principio de todas las suras del Corán. Guiado por la mano divina, el hombre

1

2. *Inscripción en un azulejo de un púlpito turco del siglo XVII conservado en el Victoria and Albert Museum de Londres que reproduce una de las definiciones fundamentales del islam: «No hay más Dios que Alá y Mahoma es su profeta».*

debe reconocer a Dios en el orden del mundo: «todo perecerá excepto Alá» (Corán 28, 88).

Los atributos de Dios, conocidos gracias a los signos y proclamados en el Corán, son los *nombres divinos*. Estos nombres han alimentado la piedad musulmana, que ha conservado 99, meditados y recitados por los fieles con ayuda de una *subha* ('rosario'). Tratados enteros enumeran, analizan y comentan los que son «los más hermosos nombres de Dios», entre los que recordamos *al-Mālik*, el rey, *al-Salām*, el santo, *al-Salām*, la paz y *al-Khāliq*, el creador.

Alá es el dispensador de la vida y de la muerte, que forman parte de su omnipotencia. Al morir, todos los seres humanos son llamados para someterse a un breve juicio particular y después caen en el sueño de la tumba hasta la Resurrección Final,

preludio del Juicio que consistirá en pesar las acciones (Corán 42, 16-18). Se examinarán todos los secretos del corazón (Corán 86, 9) y los ángeles ayudarán a Alá en el Juicio Final. El Corán hace alusión a un puente (36, 6). Este puente del Sirat conduce desde el lugar del Juicio hasta el Paraíso pero pasando por encima del infierno, en el que caerán los infieles. Los fieles entrarán en un jardín incomparable dividido en siete estancias. Es probable que la descripción del Juicio haya recibido la influencia del cristianismo sirio y el judaísmo tardío, con los que Mahoma tenía contacto.

1. Jardín con fuente del conjunto del Generalife de Granada (España), sede del Sultanato Árabe Islámico en el siglo XIV. El jardín con plantas y juegos de agua es símbolo de la providencia divina, del Dios que provee con todos los bienes la vida de los hombres.
2. Extraordinaria miniatura de época abasí que describe un sermón en una mezquita. El imām está sentado en lo alto, sobre un minbar.

7
LOS PROFETAS: JESÚS Y MAHOMA

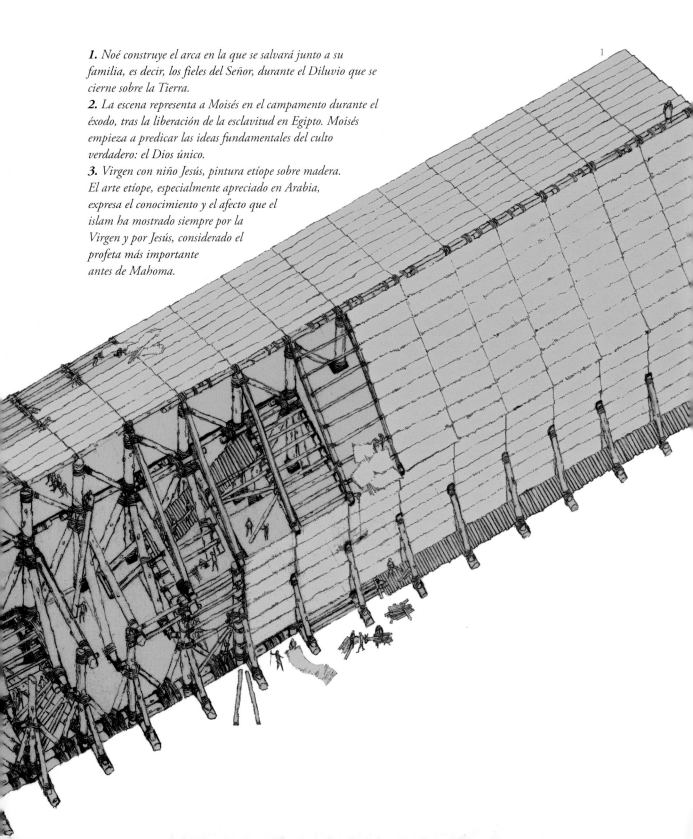

1. *Noé construye el arca en la que se salvará junto a su familia, es decir, los fieles del Señor, durante el Diluvio que se cierne sobre la Tierra.*

2. *La escena representa a Moisés en el campamento durante el éxodo, tras la liberación de la esclavitud en Egipto. Moisés empieza a predicar las ideas fundamentales del culto verdadero: el Dios único.*

3. *Virgen con niño Jesús, pintura etíope sobre madera. El arte etíope, especialmente apreciado en Arabia, expresa el conocimiento y el afecto que el islam ha mostrado siempre por la Virgen y por Jesús, considerado el profeta más importante antes de Mahoma.*

1

El profetismo está asociado a la Revelación. El Corán asigna el título de *nabī* a personajes bíblicos que han recibido un mensaje de Dios y utiliza el término *rasūl* para hablar de la tradición árabe, la guía.

Noé fue el primero en reconocer a Dios, anunciando un mensaje que debía mostrar al pueblo el monoteísmo como único camino de salvación. Con Noé, Dios renovó el pacto original. Abraham es el prototipo de la fe en el Único, el amigo de Dios, el fundador de los buscadores de Dios, el primer musulmán, el constructor de la *Ka'bah*, el templo del islam. Abraham se sometió a Dios hasta el punto de aceptar inmolar a su hijo. El Corán asigna también un puesto importante a Moisés, del que recuerda su vocación (Corán 28) y su misión (Corán 20). La obra de Moisés se concentra en la liberación del pueblo cautivo en Egipto y en el mensaje de un único Dios.

1. *En este manuscrito turco, conservado en la Biblioteca Nacional de París, se describe la ascensión de Mahoma al cielo guiado por el arcángel Gabriel.*

2. La ofrenda de una ciudad al Profeta Mahoma, *Estambul, Palacio Topkapi. Es interesante observar que hasta finales del siglo XIV los artistas representaban también el rostro del Profeta.*

1

2

El Corán presenta a Jesús como uno de los profetas más importantes pero, sin embargo, éste no deja de ser un hombre, un musulmán perfecto, apóstol de Alá, al que llama hijo de María (23 veces). Los textos de los 15 capítulos en los que se habla de Jesús proceden sin lugar a dudas de los Evangelios apócrifos. El texto coránico menciona el nacimiento virginal de Jesús, sus milagros, su libro y el anuncio de un profeta que debe llegar después de él. El Corán le asigna los títulos de *rasūl* ('enviado') de Alá y de *nabī* ('mensajero').

Mahoma tiene la misión de anunciar el mensaje con toda su pureza y llevar la Revelación hasta quienes ya tienen la Escritura pero la han alterado (Corán 2, 91 y 98, 1-4). Es por tanto un *nabī*, pero también un enviado, *rasūl*, encargado de transmitir una ley religiosa a la que él mismo se somete convirtiéndose así en guía de la comunidad (Corán 48, 28 y 7, 158). El texto coránico le atribuye también una tercera misión: *nadhīr*, admonitor (Corán 50, 2), al que se le asigna la tarea de llevar el anuncio a los incrédulos para que se sometan a Alá. El Corán observa que la incredulidad es comparable a la sordera o la ceguera. Alá le dice al Profeta que se aleje de los incrédulos porque a éstos los espera el Juicio y el castigo (Corán 53:30 y 51:54), mientras que a los fieles les está reservada la misericordia.

8
LOS CINCO PILARES DEL ISLAM

1

1. Piedra grababa colocada sobre un pórtico de la famosa Alhambra de Granada (España). Los cinco dedos de la mano abierta simbolizan los cinco pilares del islam.
2. Musulmán rezando a orillas del lago Dal en Cachemira (la India).

2

1. La *shahādah* es el testimonio que se da de palabra al Dios único y al Profeta. Es la piedra angular del islam, puesto que el musulmán proclama que «No hay más Dios que Alá y Mahoma es su Profeta». Es la profesión de fe.

2. La oración es la expresión de la fe monoteísta en el hombre creada por Alá para adorarlo (Corán 109 y 110). La oración personal es memoria y acción de gracias, la obligación principal del musulmán.

La oración ritual *(ṣalāt),* que se realiza cinco veces al día, es la liturgia, el oficio divino precedido de una llamada, las abluciones y una preparación. Si es posible, se hace en la mezquita.

3. La limosna legal purifica tanto al creyente como sus riquezas y bienes. El *Zakāt* es el impuesto que se pagaba en Medina desde los orígenes, una institución social a favor de los necesitados, de los pobres y de los viajeros, mientras que la *ṣadaqah* es una limosna voluntaria que dan los musulmanes (Corán 9, 103).

3

3. *El muecín, el encargado de llamar a la oración, entona desde lo alto del minarete las alabanzas a Dios a unas horas determinadas. Aquí se ve un minarete desde el interior de la Mezquita de Hasan en El Cairo (Egipto).*

47

1. *Desde hace siglos, una marea humana se amontona durante el peregrinaje en el valle junto a La Meca, en Arabia Saudí.*

2. *Cuenco de mendigo del siglo XIX procedente de Persia. Muchos islámicos sufíes (que veremos en el capítulo 10) eran mendigos y vivían de la limosna de otros fieles.*

4. El ayuno del ramadán (Corán 2). Influido por los judíos y, sobre todo, por los cristianos, Mahoma introdujo el ayuno diurno en el mes en que descendió la Revelación, que corresponde al noveno mes

del calendario lunar islámico. El ayuno tiene que ser completo desde el amanecer hasta el atardecer y afecta a toda la comunidad, ya que la vida social se vuelve más lenta. La noche entre el vigésimo sexto y vigésimo séptimo día es la noche del Destino, que se pasa en las mezquitas para celebrar el Corán.

5. El peregrinaje, *ḥajj*, lleva al musulmán hasta La Meca una vez en la vida. Se imita el peregrinaje que hizo el Profeta en el año 10 de la Hégira, durante el duodécimo mes, llamado *dhū al-ḥijjah*. El peregrinaje está inmerso de principio a fin en la oración. Antes de iniciar el viaje, el peregrino ordena su vida ante Dios, los hombres y su familia. Cuando entra en tierra sagrada, se prepara poniéndose una vestimenta especial *(iḥrām)* y después accede a la gran mezquita, rodea siete veces la *Ka'bah* y cumple el recorrido de la esclava Agar en busca de agua para su hijo Ismael, el primogénito de Abraham (siete vueltas). El noveno día participa en la catequesis del monte Arafat antes del sacrificio del décimo día, que rememora el sacrificio de Abraham. El peregrinaje exalta la solidaridad de todos los creyentes.

3. *Primera hora de la mañana en la ciudad de Kashgar (China). Empieza una larga jornada de ayuno: estamos en el período del* ramadān.

9
EL ISLAM: SOCIEDAD Y CULTURA

El islam forma una comunidad temporal que se ocupa de cada uno de los fieles y su relación con Dios además de la relación de los creyentes entre sí en el plano moral, social y político. No posee Iglesia ni sacerdocio ni poder espiritual que puedan encarnar los hombres. El Corán es el libro de la predicación sobre Dios y su mensaje, pero también es un código de vida religiosa y social.

La *ummah* constituye la comunidad formada por vínculos religiosos, jurídicos y políticos. La *jamā'* es el colectivo de creyentes unidos por una misma fe. La vida personal, familiar y social asume un carácter sagrado y dirige sus esfuerzos hacia la ampliación de la comunidad formada por la fe religiosa basada en el Corán.

El sucesor de Mahoma, el califa, es un soberano temporal encargado de que se apliquen las prescripciones coránicas procedentes de Alá. Estas prescripciones abarcan por igual la vida religiosa y la organización de la ciudad musulmana. Dado que se ocupa de dirigir la *ummah*, el califa posee también un valor religioso. La unidad de la *ummah* debería ser el reflejo de la unidad divina, pero ha asumido diferentes formas a lo largo de la historia y su tejido unitario se ha visto comprometido en distintas ocasiones, hasta el punto de que después de la

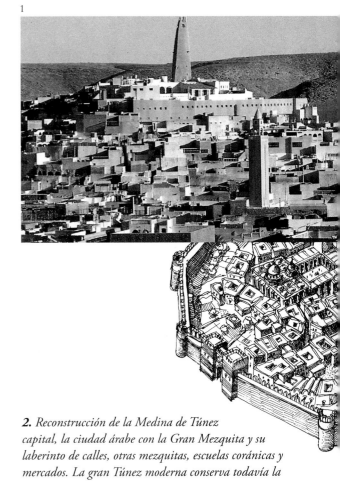

1. Vista general de la ciudad de Ghardaia, en el norte del Sáhara (Argelia). Surge como una visión en medio del desierto, descanso para el cuerpo y el espíritu de quienes la visitan.

2. Reconstrucción de la Medina de Túnez capital, la ciudad árabe con la Gran Mezquita y su laberinto de calles, otras mezquitas, escuelas coránicas y mercados. La gran Túnez moderna conserva todavía la Medina en su interior.

muerte del Profeta la unidad comunitaria se rompió. Uno de los objetivos del islamismo es reconstruir esta comunidad ideal del islam.

Mahoma predicó un Dios único entre beduinos analfabetos. La transmisión de su mensaje dio origen a la escritura árabe del Corán y a toda la cultura islámica. En el siglo IX, Bagdad fue escenario del encuentro entre traductores árabes y los grandes textos de la cultura griega. Este acontecimiento marcó el principio de la edad de oro del pensamiento musulmán.

Se inicia con una intensa actividad de traducción a la que seguirá la creación de una filosofía propia, obras enciclopédicas e historia de las religiones. Surgen las bibliotecas en los grandes centros, depósitos de tesoros de inestimable valor. Se asiste al desarrollo de las matemáticas, las ciencias naturales, la astronomía, la geografía y, gracias a los hospitales, de la medicina. Basta citar Córdoba, Granada, Mosul, Bagdad o Palermo para comprender la importancia de la aportación artística musulmana al patrimonio de la Humanidad.

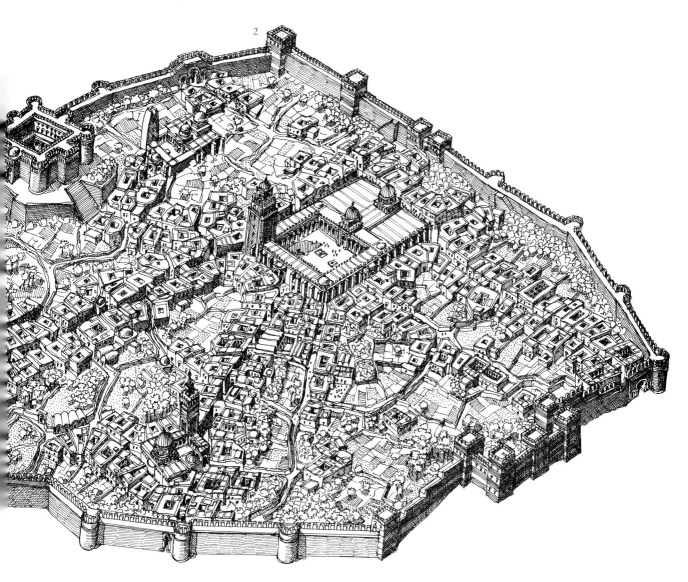

2

1. *Escena del interior de una importante escuela coránica islámica de la Edad Media en la que un grupo de doctos, los* ulemas, *discuten cuestiones teológicas, filosóficas y jurídicas.*
Abajo, globo terráqueo realizado en España en 1050 por el científico musulmán Ibrahim Ben Sa'id y su hijo. La difusión del islam impulsó el desarrollo de las ciencias de la geografía y la astronomía.
2. *Interior de la Mezquita de Córdoba (siglos VIII-IX), en España, una obra maestra del arte islámico, con gran influencia en las construcciones de los siglos posteriores.*

3

3. *Esta página miniada de la* Historia de Bayād *y* Riyād *refleja la doble influencia del artista: la arquitectura es andaluza mientras que la composición y los detalles de la imagen se inspiran en modelos sirios o iraquíes del mismo período.*
El manuscrito se elaboró probablemente en Al-Andalus, en el sur de España, a principios del siglo XIII. Biblioteca Vaticana.
En la página doble siguiente, Jardines del Partal, en el Generalife de Granada (1273-1302), vistos desde el pórtico septentrional. Auténtico símbolo del Paraíso.

10
LA MÍSTICA MUSULMANA: EL SUFISMO

1. Durante la penetración del islam en la India, que se desarrollaba sobre todo en las ciudades, el movimiento sufí prefería asentarse en pequeñas comunidades, lugares apartados de los centros urbanos. Se trataba de comunidades dedicadas al estudio y a la vida religiosa ascética.

TEXTO DE AL-ḤALLAJ
DONDE SE PROCLAMA QUE DIOS
SE HALLA EN LA INTIMIDAD
DEL HOMBRE

Tengo un amigo que visito en soledad, presente incluso cuando escapa a las miradas. Tú no me verás prestarle atención para entender su lenguaje de ruidos de palabras. Sus palabras no tienen vocales ni pronunciación y tampoco se parecen a la melodía de las voces. Es como si yo fuese un tú *al que se dirige la palabra, y lo fuese más allá de los pensamientos que me vienen, en mi ausencia y a causa de ello. Presente, ausente, cercano, lejano, inaccesible como es a ser descrito por su cualidad, y mucho más oculto al pensamiento de lo que lo sea la conciencia profunda, más íntimo que el relámpago de las ideas.*

Le diwan d'al-Ḥallāj (M. 11), citado por Roger Arnaldez,
Al-Ḥallāj ou la religion de la croix, Plon, París, 1964, 129-130.

La palabra sufismo deriva de *ṣuf*, 'lana', en recuerdo de la vestimenta blanca de los monjes cristianos. Consiste en la búsqueda de Dios, para la que el islam propone como ejemplo al Profeta Orando (Corán 17, 79). Algunos grupos sufíes de Irak, Siria, Egipto y Khorasan siguen desarrollando la elevación espiritual hacia Dios durante el siglo VIII. El modelo de aquella época es una mujer llamada Rābiʿah: se pasó la vida rezando y cantó el puro amor a Dios. En el siglo IX se crearon algunas escuelas y el número de novicios aumentó de forma considerable. Sin embargo, la oposición se reveló muy dura: en el año 922 crucificaron a al-Ḥallāj en Bagdad por haber osado proclamar que Dios habita en el hombre. Su aportación fue decisiva para la formación del vocabulario sufí.

Tras esta persecución, el sufismo conoció una fase en la que sus maestros intentaron reconciliarse con la ortodoxia musulmana.

1

Al-Ghazālī, teólogo místico muerto en 1111, muestra que existe una proximidad entre Dios y el hombre. En Andalucía, Ibn 'Arabī (1165-1240) dio un nuevo impulso al sufismo. Filósofo, teólogo y fundador de la doctrina de la *unicidad del Ser*, gran visionario rodeado de una auténtica fama de santidad, abre una vía decisiva para la *mística chiita de la luz y del fuego*. Ibn 'Arabī profesa una creación continua, una efusión del ser mediante la compasión divina, que reconduce el ser a su fuente.

A partir del siglo XIII algunas cofradías *(ṭarīqah, 'la vía')* se organizan en torno a un fundador y reciben la herencia iniciática que las une a Dios. Todas las cofradías se caracterizan por una organización jerárquica claramente definida y un conjunto de ritos de iniciación y prácticas que hacen que sus miembros avancen por el camino de Dios. Dentro de las cofradías reinan la obediencia a la norma, la sumisión a la jerarquía y el secreto. Se estima que pueden contarse más de doscientas cofradías grandes desde sus orígenes. Es en ellas donde el sufismo ha continuado con su existencia y su influjo.

2

1

1. *La prosternación es una de las posiciones adoptadas durante las horas de la oración ritual en dirección* (qiblah) *a La Meca.*

2. *Sala de oración en el interior de la Mezquita de Qarawiyyin en Fez (Marruecos).*

GLOSARIO

Los términos en mayúsculas remiten
a la voz correspondiente

abasí Dinastía de califas (132-668 era de la HÉGIRA / 750-1258 d. C.). El nombre deriva de su fundador, Abū Abbās. Su centro de poder se encuentra en Irán y en el año 183 de la Hégira (803 d. C.) funda la capital, Bagdad, junto al Éufrates.

al-Ḥallāj Nació en Irán en el año 858. Meditó el Corán, interiorizó el islam y descubrió el esplendor de Dios, puro amor. Basándose en el pacto de Dios con la Humanidad, predicó que el hombre es imagen de Dios y que Éste se vuelve presente en el hombre místico a través del amor a Dios. Sus enseñanzas dieron origen a un movimiento que preocupaba a las autoridades políticas de Bagdad y Al-Ḥallāj acaba encarcelado. Nueve años después de su detención, el 26 de marzo de 922, es torturado y ajusticiado, y después arrojan su cadáver al Tigris desde lo alto de un minarete. Se persigue a sus seguidores para acabar con el movimiento sufí, la corriente mística musulmana cuyo nombre deriva de *ṣuf*, 'lana', la vestimenta blanca que los místicos musulmanes tomaron de los monjes cristianos.

Alá El Dios único, Señor de la creación, nombre propio de Dios. Término utilizado en la Arabia preislámica para distinguir al dios creador de entre los demás dioses. En el mensaje coránico se afirma su unicidad. Posee 99 nombres en el Corán.

chiismo En árabe *shī'at'Alī*, que significa 'la facción de Alí'. Se trata de la fidelidad a Alí designado por el profeta como su legítimo sucesor. Hubo una batalla entre legitimistas y contrarios, Alí ganó y se convirtió en el cuarto califa. El califato chiita es la expresión de la pureza del *IMĀM*, investido para su misión desde la eternidad y legítimo sucesor del Profeta. Este legitimismo representa la ortodoxia islámica. El chiismo ha sufrido grandes divisiones internas. Los chiitas son mayoría en Irán, Irak, Pakistán y Afganistán.

clan Agrupación social compuesta por varias familias (establecidas por descendencia materna o paterna) que se reconocen herederos de determinadas tradiciones.

drusos Pueblo que habita en las cadenas montañosas del Líbano y del Antilíbano, en la región de Damasco y en la meseta de Jabal Hawrān, en el suroeste de Siria. Secta descendiente del ismailismo fatimí de Egipto.

Fátima Hija de Jadicha y Mahoma, esposa de 'Alī, el cuarto califa; venerada por los CHIITAS, que la llaman al-Zahrā, *la resplandeciente*.

Fiqh Ciencia del derecho musulmán, *hace referencia* a las decisiones jurídicas que se toman con el consenso de la comunidad musulmana y por analogía con el Corán o la SUNNAH cuando estas dos fuentes carecen de leyes al respecto.

Hégira, hijrah 'alejamiento'. El 16 de julio del año 622 d. C. es la fecha oficial en que el Profeta y sus compañeros de emigración *(muhājirūn)* abandonan La Meca y se dirigen a Medina. Marca el inicio del calendario lunar hegiriano, en el que el año está formado por 12 meses y 28 días. La Hégira es el inicio de la era musulmana.

ḥadith Tradiciones que recogen los actos y las palabras de Mahoma y, para los chiitas, también las del IMĀM. A lo largo de los primeros siglos se compilaron diversas recopilaciones de actos y dichos.

ḥajj El peregrinaje a La Meca, uno de las cinco obligaciones (pilares) del islam. El gran peregrinaje se realiza durante el mes prescrito mientras que el peregrinaje menor, llamado *umrah*, se puede hacer en cualquier período. La institución del peregrinaje fue una decisión del Profeta.

ḥaram 'prohibido', 'sagrado'. Son *ḥaram* y por ello se *separan* del resto los lugares, seres y cosas de las que el mandamiento divino prohíbe su libre uso. Se trata de los lugares convertidos en sagrados por la presencia divina, la propiedad privada y ciertos alimentos. *Ḥaram*-sagrado tiene que ver con la presencia divina, mientras que *ḥaram*-prohibido con el mandamiento divino. El término *ḥaram* tiene por tanto un sentido ambivalente.

ijmā' El consenso de la comunidad, una de las fuentes del derecho musulmán, derivado del ḤADITH del Profeta: «Mi comunidad no convendrá nunca en un error».

imām 'guía'. Quien está delante de los creyentes en la mezquita y dirige la oración. También es el guía de la comunidad. En el CHIISMO, el *imām* es el sucesor espiritual del Profeta, el equivalente al califa en el SUNISMO.

islām 'abandonarse a Dios, someterse a Dios'. Corresponde a la pertenencia a la comunidad del Profeta, manifestada por los actos culturales y sociales propios de esta religión. El islam es al mismo tiempo religión y sociedad.

islamismo El conjunto de fenómenos contemporáneos y movimientos representativos de la militancia islámica surgido en el siglo XIX con el propósito de crear un UMMAH sobre la Tierra que represente la unidad divina. El movimiento desemboca en diferentes prácticas revolucionarias.

jihād 'esfuerzo', 'tensión'. Obligación comunitaria e individual al servicio del islam. El *jihād* mayor, o *jihād*

GLOSARIO

de los cuerpos, es una acción de guerra por la defensa o la expansión de la religión. El *jihād* menor, o *jihād* de las almas, es el perdón de las ofensas, la conversión mediante la persuasión, el esfuerzo personal de fidelidad al mensaje coránico.

Ka'bah Santuario sagrado del islam situado en La Meca y reconstruido en tiempos de Mahoma. Lugar de referencia simbólica y espiritual de todos los santuarios musulmanes del mundo, polo cósmico hacia el que se orientan todos los musulmanes para la oración.

***khalīfah*, califa** 'sucesor' del enviado de Dios. La misión del califa es continuar la acción política del Profeta, puesto que la misión profética original ya ha concluido. La evolución histórica ha provocado una profunda modificación del califato a lo largo de los siglos.

omeyas Dinastía fundada por Mu'āwiyah en el año 661, a finales del reinado de los cuatro califas. Los omeyas reinaron en Damasco desde el año 661 hasta el 744 y en Córdoba desde el año 756 al 1027.

otomano El imperio otomano, fundado por el turco Osman, duró desde 1299 a 1922. Después de conquistar Asia Menor, Europa del Este y el Norte de África, en el siglo XVIII entró en declive y después de la Primera Guerra Mundial sólo quedaba la Turquía otomana.

qiblah Dirección del rezo, orientado hacia la KA'BAH de La Meca. En la mezquita, la dirección la marca el *miḥrāb*, una hornacina excavada en el muro. La *qiblah* es precisamente lo que convierte la mezquita en un lugar de culto dedicado a Dios, un lugar sagrado.

ramadán El mes de ayuno establecido en el Corán y en los ḤADĪTH. Es un mes para el recogimiento y en el que se ralentizan las actividades. El ayuno de 28 días, desde el amanecer hasta la puesta del Sol, es un acto con el que la comunidad debe tomar conciencia de su unidad y de su misión, y los adultos, de su condición de musulmanes.

selyúcidas Nombre de una casa reinante de sultanes turcos de Asia, de la que cinco dinastías han tenido gran importancia en la historia islámica. Los *grandes selyúcidas* se convirtieron en dueños de Bagdad, donde salvaron el islam SUNITA. Los cruzados de Occidente se enfrentaron con los selyúcidas de Asia Menor y Siria.

sharī'ah 'el camino'. Es la vía prescrita a los fieles por Alá para alcanzar la salvación. Esta ley tiene como fuentes el Corán y la SUNNAH. Comprende el conjunto de mandamientos de Alá relativos a las acciones humanas. Incluye las obligaciones culturales, rituales, políticas y jurídicas. Ley divina y ley humana, es el modelo por el que actualmente pasan todas las generaciones islámicas.

sunnah   Apego a las tradiciones de los antepasados. El mundo musulmán retomó este concepto preislámico a partir de la época de Medina, donde había que comportarse conforme a la acción, los gestos y las palabras del Profeta. Ya desde los orígenes del islam, se consideraba *sunnah* todo lo que podía indicarse como practicado por Mahoma. La *sunnah* ocupa un lugar preciso en la vida musulmana: junto a la escritura sagrada de El Corán, pues es la Tradición del profeta.

sunismo   Corriente de pensamiento por la que el acuerdo de la comunidad sobre la persona del califa es garante de la ley. Esta corriente, mayoritaria dentro del islam, surgió a principios del imperio OMEYA. Los suníes son los fieles de la tradición y de la comunidad reunidos en un espíritu de moderación que permite acoger el máximo número de creyentes. Los turcos SELYÚCIDAS y otomanos, así como los musulmanes bereberes, han favorecido el mantenimiento de un islam mayoritariamente sunita frente a los CHIITAS.

tribu   Conjunto de clanes próximos lingüísticamente y ligados geográficamente a un territorio.

ummah   La comunidad musulmana en su unidad religiosa y política. El profeta vio su *ummah* como unidad y como referente para todos los hombres. La comunidad debe generar hombres con fe en Dios destinados a vivir todos juntos de manera ideal.

ummat-an-nabī   La comunidad del Profeta, el pueblo de todos aquellos que quieren vivir el islam, que profesan la fe islámica, que rezan mirando a La Meca y que leen y meditan el Corán. La *UMMAH* es la institución islámica mundial.

REFERENCIAS ICONOGRÁFICAS

El número en negrita se refiere a la página,
el que está entre paréntesis, a la ilustración

Impreso en Italia

Selección de las imágenes
LASERPRINT, Milán